置かれた場所で咲きなさい

在落地之處開花

無論在何種境遇,
你都能閃耀發光。

渡邊和子　著
鄭正浩　譯

〔推薦序〕

對生命的觀察與領悟，以豁達而溫暖的文字分享

每個人，生命中總會遇到預期外的挑戰，也都會有心慌意亂、不知如何是好的時刻。渡邊和子修女在三十多歲時因著傳道士給她的一首詩，詩上寫著：「在被安置的地方開花吧，在落地之處開花，並不是無可奈何，而是以笑臉在那裡生活，讓你周圍的人也能獲得幸福。」這首詩從此改變了她的生活態度與之後的生命樣貌。

這本書是渡邊修女用她的心靈與特別的一雙眼睛，將她對生命的觀察與領悟，以豁達而溫暖的文字分享給大家。「在被安置的地方開花吧」這句改變渡邊修女的話，希望也對你我的生命帶來安定與力量。

——孫效智（臺大哲學系教授兼生命教育中心主任）

〔推薦序〕

渡邊和子的美

第一次聽到渡邊和子的演講是在二〇〇三年日本PHP友會的全國大會上，我與徐素英等人以素直友會的代表，每年都來參加。當下就被渡邊修女的神采吸引住了！渡邊修女的個子非常矮小（因為生病骨架子小了十多公分），滿臉笑容的講著她身邊的小故事，聲音細小柔和卻是相當震撼人心。記得她說著九歲時，父親就在她的眼前被殺的往事時，輕描淡寫的說著，卻以巨大無比的力量傳輸給我們：「愛的力量」。渡邊修女一定經歷了無數萬次的傷心沉澱反思禱告……才得以如此的平靜寬容的說著：「真正的愛足以使心靈充實的。」

之後在素直友會的日文學習讀書會，徐大姐就常以修女的書或是登在PHP月刊誌上的文章，做為教材，讓我們學習日文也討論渡邊修女的人生哲學。不幸徐大姐在四年前過世，之後就很少再看到渡邊修女的文章了。很高興終於有中文版要出版。

每年的日本ＰＨＰ友會大會的形式內涵數十年都沒改變，延續松下幸之助當年創辦ＰＨＰ研究所的精神，圍繞著素直精神的內涵與落實。請來的主題演講者也都是這個領域的實踐者，渡邊和子修女是其中典型的代表者，曾被請來演講很多次了。

她說的故事和言論都是。

——簡靜惠（洪建全教育文化基金會董事長）

前言

縱使是修道者，有時也會有令人氣惱的日子，也有時會有無法安眠的夜晚。此時我就自我安慰一番，讓自己平靜下來。曾幾何時，我多少學會了一點讓自己心情穩定下來的工夫。

在我三十過半時，出乎意料地被派遣到岡山，第二年隨即被任命為大學校長。在這心慌意亂的時候，一個傳教士送給我一篇英文的短詩：

Bloom where God has planted you.（在神安置你的地方開花吧）

下面接著寫：「在落地之處開花，並不是無可奈何，而是以笑臉在那裡生活，讓你周遭的人也能獲得幸福」。這正是為了告訴我：「被安置的地方，就是你現在最好的居所。」

如果在被安置的地方自在地生活，抱著「一定有關心我的人存在」這種安心感，就會使自己波動的心情安定下來。

有時或許會有不能開花的日子。此時，就再往深處扎根吧。

希望這本書能帶給所有的讀者一些心靈的祥和。

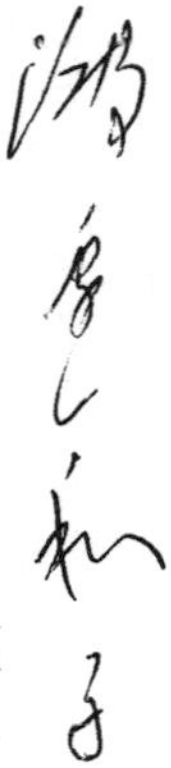

渡邊和子

第二章　朝向明天活下去

第三章　優雅地老去

第一章
傾聽自己的聲音

在被安置的地方開花

人不論在何處
都能尋覓到自己的幸福

我在快三十歲的時候決心進入修道院。後來，修道院派我到美國進修，進修後又任命我取得學位，三十五歲的時候回到日本。接著下一個命令是派遣我到岡山聖母清心女子大學（Notre Dame Seishin University）執教。第二年，第二代校長突然去世，沒想到我隨即被任命為第三代校長。那時才三十六歲。

對在東京長大的我，岡山完全是未知之地。還有，這所大學的校長，第一代、第二代都是七十歲後半的美國人。我並不是該校的畢業生，而且我的年齡還不到前任校長們的一半。無論周圍的人和我自己，都感到困惑不已。

在修道院這樣的地方，無論你感到如何毫無道理，也是絕對不能違背上面的命令的。我也覺得「這是神的意旨」，於是就遵從了這個指令。

生疏的土地加上意想不到的職責，未曾經驗過的事物不斷湧來。這一切都與我當初所想像的修道生活，有天壤之別。在不覺之中，我變成了一個「不理我族」*譯者註1。為什麼「不跟我打招呼？」，為什麼這麼努力也「不體恤我一下？」，為什麼「不明白我？」等等。

當我喪失了自信，甚至走投無路想離開修道院的時候，一位傳教士送給我一篇短短的英文詩。詩的頭一行寫著一句話：「在被安置的地方開花吧」。

我被安置在叫岡山的土地上，站在校長這個容易受批評的立場，他大概是不忍心看到我苦不堪言，才遞給我這首詩的。

對，我改變了。在被安置的地方抱怨不平，看別人的臉色覺得自己幸或不幸，那我只能說是一個環境的奴隸。既然做為人，無論被安置在哪裡，就在那裡成為環境的主人，讓自己的花綻開。我之所以能這樣下定決心，是由於自己感覺到「我要改變」，才真正改變。

「在被安置的地方開花吧」的後面接著寫著：「在落地之處開花並不是無可奈何。那是要證明上帝安置你在這裡是沒錯的，祂要你以笑容幸福地生活，讓周遭的人也獲得幸福。」

從此，我與「不理我族」的自己訣別了。我變成了會先向學生們打招呼、以笑臉迎人、會說謝謝的人了。真不可思議，如此一來，無論教職員或者學生們，竟然也漸漸變得開朗與溫和了。「在被安置的地方開花」這種生活態度，不僅是我自己，連學生與畢業生們也都被影響了。

清心女子大學裡，有一部分是不如己願考進來的學生。我就對這些學生說：「時間的用法就是生命的用法。被安置在這裡，就在這裡開花吧。」這句出自我自身經驗的話，也似乎能讓學生領悟，在她們的心裡迴響著。

無論是結婚、就業、養育子女，常常不斷感到「不該是這樣的」。在這種狀況中，最需要的還是要讓自己極力做「開花」的努力。

或許會有無法讓自己「開花」的時候。譬如在強風暴雨或連日乾旱時，就不用勉強去開花。為了下次讓花開得更大、更美，就換個做法，讓根扎得更深，讓根好好伸展成長。

早逝的基督教詩人八木重吉*註1的詩裡有這樣一句話：

人如果能把無邊的憎恨植入心頭，
加溫後使它變成一朵花，
我就把它獻給上帝。
《寧靜的早上》〈寬恕〉

在「被安置的地方」，或許有時會被置於痛苦的立場，或者受到處理不完、不合理的打擊，或者成為被憎恨的對象。被一直信賴的人背叛了，也是其中之一。

有時會有人是被安置在床上。甚至有上了年紀，被周圍的人認為「不中用」，而被棄置於角落的人。如果有這樣的一天，讓我們繼續抱著指日開花的心願吧。

為了讓聚集於心胸的許多事物，化做花獻給上帝，那是需要一些材料的。我想，這時候我們就恭敬地用雙手把一個個事物承接下來，做成一束只有自己才能編出的花束，然後用笑臉獻給上帝吧。

無論被安置於何處，
就在那裡繼續抱著讓花朵綻放的心願吧。

我們不能選擇境遇，
但我們可以選擇自己的生活方法。
把握「現在」這個寶貴的時間，盡全力的活下去。

工作

拚命努力雖是好事，不過也要有休息的時候

「我一直忙於砍樹，卻沒有時間去關照我的斧頭。」──這是一個企業家退休後的感懷。我把它拿來當作自我警惕的話語。

珍惜每個空暇，專心致力比別人砍得更快、更多木頭的人，等到不需要再工作時，才發現他的斧頭已經破損不堪。他後悔地吐露，為什麼在伐木空暇的時候，沒好好保養過自己的斧頭？

雖然在工作上獲得很大的成就，可是砍木的斧頭就如自己，在這期間

把自己的身心消磨殆盡，那豈不是本末顛倒嗎？這裡我想起了一句耶穌的話：「縱使全世界都屬於你，如果你喪失了自己，又有什麼利益可言呢？」

依據《大言海》*註2裡的記載：「暇」(hima) 的意思並不是「閒暇」的「暇」，而是陽光射進的間隙的意思。我們的心，因為工作而被塞滿的時候，那裡就沒有陽光能射入的空隙。所謂「忙」，正如文字所示，既是亡了心，又伴隨著失去餘暇的危險。

在我當清心女子大學校長的時候，有時會有學生敲門進入我的房間。原本應該對她打個招呼說「坐吧」的我，卻因為工作繁忙，就隨口問她「有什麼事？」她說：「並沒有特別的事，只想來跟您談談。」看到那覺得對我不好意思而黯然離開的身影，不知有多少次，我都在口裡低聲說：「對不起。」

「工作」雖然是好事，但卻不可成為工作的奴隸。無論何時都需要用油擦亮伐木的斧頭，不要忘了留下一點體恤自己與他人的空間。

努力工作是件好事，
但是不能成為工作的奴隸。

你是否真能看到你的周遭？
如果沒有心靈的餘裕，就不能體恤自己與他人。

委託

人不能孤獨地活下去

人是不完美的弱者，只靠自己一個人，並不能完成所有的事。能委託別人做的，就需要委託別人，請別人分擔。

因為我生性好強，不喜歡低頭向別人求援。從小就被嚴格教導「自己的事自己做」的我，真不懂得怎麼去拜託別人。

沒想到才三十六歲的年紀，經驗又不足的我，竟被任命為四年制大學的校長，而嚐盡不少的辛勞。因為當了行政管理者，非得辨別何事該委託他人，何事該由自己親自辦理。

從那天起到八十五歲的今天，我一直擔任行政管理的職務，在這期間雖經歷了不少的失敗，不過對如何去委託他人一事，我也學到了不少。

第一個就是：委託對方時，一定要信賴對方。第二個是：委託絕不是丟開而置之不理。要讓對方知道，自己會處處檢視，絕不會光是全權委託。最後，最重要的是：委託他人而獲得良好的結果時，要將功績歸屬於他人。但如果得不到好的結果，自己要有不怕當壞人的勇氣。

為了培養「參與」的意識，縱使自己想做的，有時也需要「委託他人」。這種重要性我也學到了。

要交託給神時也是一樣。信賴神，一邊也要去做自己該做的事。願我成為將所有的結果都作為神的意旨，而能虛心接受的人。

有好結果時，就歸功於人。
結果不好時，就讓自己當壞人吧。

委託別人，就該向對方表示感謝，
同時也要讓自己向自己負責。

向未來發展

日子再辛酸，總會通往露出笑容的一天

有人說過：「人生是一所學校，在那裡，不幸比幸福更能成為好老師。」大家大概都有贊同過這句話的經驗吧。

也就是說，如果把現狀改變成更好的狀態叫做「發展」的話，至少在起伏不平的人生裡，嚐盡失敗與挫折的滋味，或從艱苦多難的人生站起來時，會比一帆風順的生活更有發展的可能性。

不知不覺，我與大學女生相處已經近五十年了。期間，我也有遇過學生或畢業生自殺的悲痛經驗。那時，想像這些人心靈的痛苦，一邊祈禱她們的冥福外，還曾對學生說過：

「當你痛苦得想死時，你該對自己說：『既然痛苦，就讓自己再活久一點看看吧』。」當你置身於痛苦的山巔時，那裡一定會有下坡的路。而且，在你翻越山嶺時所嚐到的痛苦，一定會使你變得堅強。

二〇一一年東日本大地震，確實可說是千年一度的大災難。為此，日本未來發展的藍圖也發生了很大的變化。在個人的生活方面，家族流離失所，工作場所不是消失就是崩潰。對於失去工作的人來說，「發展」這句話看來已經是渺茫無期了。

可是無論如何，不能就此認為發展的途徑已經被封閉了。不再為往事懊悔，而積極前瞻時，可以發現，由於有這一次的災難，大家需要儲備新的智慧。人們的想法也需要嶄新的改革。以長遠的眼光看來，相信這個災難也一定能通向更好的未來。

置身於痛苦的山巔，
那裡一定會有下坡的路。

人，無論是怎麼峻險的山嶺，都具有翻山越嶺的能力。
而越能超越痛苦的人，也越能堅強起來。

面對現實

神不會給予人過度的考驗

如果有減輕心情苦惱的方法，我希望有人能告訴我。

人要活下去，就一定會有種種的煩惱。無憂無慮的人生幾乎是不可能的。很多事都不能隨心所欲，那是理所當然的。要知道，有煩惱才是人。這是一個最大的前提。

不過在煩惱中，有無法改變的事，也有可以改變的事。比如自己的孩子天生就有障礙。別人的孩子能做的事，自己的孩子不能做，就想：「為什麼只有自己的孩子如此呢……」這是做父母最痛心的苦楚。但是無論怎麼悲傷，自己孩子的障礙並不會消失，那深刻的苦惱也不會就此消除。這個現實雖然無法改變，但是你卻可以改變面對孩子的方法。

是否把自己生下的孩子當作是累贅，而天天在煩惱與痛苦中生活呢？或者換個想法：「神認為我能把這個孩子養大，所以才把他賜給我的。」不同的想法，可以使人生產生很大的變化。

當然，「接受」是一件不容易的事。當你還不能接受事實之前，你會遇到很大的心靈糾葛。可是，始終為無法解決的事煩惱著也是無用。為了前進一步，你需要牢牢地接受眼前的現實，勇敢地思考接下來應該怎麼辦。接受苦惱向前走去，在那裡才會發現做為一個人應該如何生存下去的方法。

對現在所擁有的眾多苦惱，你不妨做一次整理看看。無法改變的現實，終究是無可奈何的。勉強想去改變的話，一定會使人心神憔悴。如果這樣，不妨就試著改變應對苦惱的方法吧。雖然這樣也不一定能讓苦惱消失，不過至少一定會再萌生活下去的勇氣。

如果現實無法改變，
就試著改變應對苦惱的心態吧。

在苦惱得筋疲力盡之前，先用別的觀點想想吧。
改變一下看法，即使無法讓苦惱消失，
也能讓你萌生勇氣。

光

在埋怨不平之前，先從自己做起吧

光，對人說來是極為重要的。甚至可以說，因為有光，我們才能生活。對今日的我們來說，我們在「有光是理所當然」的感覺下出生、長大，稍微覺得「黑暗」時，就馬上埋怨起來。殊不知在沒有電燈的時代，人們是在螢窗雪案下讀書*譯者註2、用功的。

稍微感到黑暗就發起牢騷，以為自己之外的人總會把它弄亮，我們常容易抱著此種想法，因此「心靈的燈火運動」*註3所倡導的「埋怨黑暗無光，不如自己先點燃燈火」的宗旨，提醒我們遺忘了的一件重要的事。

那就是，「幸福不能依靠別人，而是要靠自己積極行動才能獲得」這個真理。在追求方便、討厭麻煩中，我們遺忘了的一件事就是：率先行動，讓世間走向光明的這種積極性。亞細西的聖方濟各*註4在〈和平祈禱〉中祈禱說：「主啊！請幫助我、引導我，在有黑暗的地方，讓我播種光明！」

保持自己明朗的笑容，那笑容就會成為給世界帶來和平的力量。

耶穌基督就是因為人有罪，而不得不居住在黑暗中的人類的「光」，也就是天主愛的光輝。若望福音記載說：耶穌是以「光」來到這世界的，而當時的人就是不想承認。

我們從耶穌的光裡分到燈火。但願各自能在被安置的地方成為照亮一隅的燈光。

自己要積極地行動，
才能獲得真正的幸福。

只靠他人是不會得到幸福的。
讓自己成為「光」，去照亮世間吧。

祈求

純潔優雅的活下去

有人問主，主說：
「你祈求什麼？」
「謙遜。」
「再來呢？」
「親切。」
「然後呢？」
「無名。」

「那就好了！」

這篇短詩是岡山縣玉島的一位牧師河野進*註5先生寫的。做為育幼院的院長，他就像良寬*譯者註3一樣的跟天真的小孩子們遊玩嬉戲。一到禮拜天，就到近處的長島愛生園、或到邑久的光明園，去為痲瘋病人做禮拜。

還有，他感念德蕾莎修女（Mother Teresa）*註6的事蹟，發起「飯糰義捐」活動，並親自攜款前往加爾各答。也是一位留下溫馨感人珠玉名篇的詩人。

不求名譽，也不求權力、不求財產，只想過著如耶穌基督一般的生活，直到一九九〇年過完了他八十六歲的生涯。

下面是我喜歡的一首河野牧師的詩：

需要的時候就想到它
不用了，就忘記它的
抹布
我願成為
小小的，躋身在廚房角落
日夜愉快地工作的
一條抹布

《聖經》裡有一句話：「你們祈求，就給你們。」那我們該祈求什麼呢？

我們很容易在不自覺中祈求自己的健康，祈求事業的成功，祈求解決難題。對這樣的我們，河野牧師的詩啟示我們，效法基督的生活方法，才是我們真正需要祈求的。

你們祈求吧，就給你們。

不可被自己的慾望隨意擺布，
想叫別人為你做的，你就先為別人做吧。

天主的呼喚

傾聽自己良心的呼聲

在《聖經》舊約裡記載，天主常常向先知呼召，訓示他們應該做的事。新約裡基督呼召說：「跟隨我吧」時，就有十二個使徒跟從了耶穌。聖保祿（原名掃祿）在去大馬士革途中，聽到有聲音呼喚「掃祿！掃祿！」後來就悔改成為偉大的使徒。（參見新約〈宗徒大事錄〉）*譯者註4。

許多成為司鐸或修道的人，可說是響應了天主的呼召才加入此行列的。天主現在也常在我們日常生活中呼喚著。

有一位小學六年級的女孩，寫了一首叫〈國王的命令〉的詩，她一邊說著：「這是國王的命令」，一邊把手伸進水桶裡說：

「國王是誰？」

「國王就是我的心。」

很可能是在一個寒冷的早晨，她正要揉洗抹布，把手伸進裝滿冷水的水桶時，覺得應該扭絞一下抹布卻有點畏縮，她把那種感覺用詩表現出來。她自問自答地說：「我不想做」，又說：「可是我應該做，因為這是國王的命令。」

其實，這個「國王」都居住在我們每個人的心中。當我們處於猶疑不決時，若是善事，他就會鼓勵我們「做吧！」，若是壞事，他就會制止我們去實行。

神的呼召，就如我們在電車裡考慮要不要讓位給老人？說謊或不該說謊？水翻了該馬上擦乾，或者放著不管？這時候他就會細語告訴我們。希望我們能傾聽這「國王的命令」，遵從他的話生活下去。

我們的心中，住著一個「國王」。
他勸我們去做好事，
制止我們去做壞事。

煩惱時、迷惑時、有了困難時，
這時候，就靜靜地傾聽自己的心聲吧。

在心裡微笑

保持笑容可掬

「笑在臉上，哭在心裡」，這句話還可以明白，但是，在心裡擁有笑容，那應該是什麼場面呢？

被稱為信仰的詩人，年輕早逝的八木重吉，留下這一首詩：

在憤慨的時候，
讓我也保持好看的自己。
在哭個不停的時候，
也讓我維持美麗的自己吧。

這首詩所稱頌的「美麗的自己」，或許就是所謂心裡擁有笑容的人。

三十六歲被任命為四年制大學校長的我，覺得教職員或學生向自己打招呼是理所當然的。高傲的自己，對那些不打招呼的人總會感到「憤慨」。

這樣的我，在巧遇〈微笑〉這首詩時開始有了轉變。那首詩的內容就是：不能得到自己所期待的笑容時，不要覺得不愉快。不如由自己先向對方露出笑容。無法對你微笑的人，正是需要從你這裡得到笑容的人呀。

最初認為「那太不合理」的自己，最後才發現，這正是耶穌所說的：「你們要別人怎樣待你們，就要怎樣待別人。」從此我就讓自己實行。

不過，也有人對我的微笑置之不理。對這些人，我這麼想：「不要生氣，因為我要保持一個美麗的自己」，「我現在的微笑，跑進『神的口袋』

裡了」。如此一想，就可以讓自己從心裡微笑起來。與其說是為了成全美麗的自己，不如說，這是真正值得感謝的。

我想，
我的微笑是跑進「神的口袋裡」了。

事情會有不能如願的時候，
不必憤慨，做一個能改變觀點的人吧。

第二章
朝向明天活下去

美好的生活

問心無愧的生活態度，使人心胸光明開朗

二〇一一年三月，大地震侵襲日本，隨著許多外國的捐款與物質的支援而來的是，對日本災民嚴守規矩的稱讚。雖然如此，有一部分人做壟斷收購的事，也是不容否認的事實。

一九二三年發生關東大地震時，自由學園的創始者羽仁もと子（Hani Motoko）*註7寫了一篇文章，我讀後深受感動。當時她的兩個女兒想買下白米和生活用品，羽仁說：「不用了，我們不需要。先用家裡現有的東

西吧。有些人家裡連米都沒有，只有我們家有飯吃，那是很不名譽的。」

這正是懂得美好生活的人才能說出的話。也就是真正理解何謂名譽的人才會有的想法。

所謂名譽，有些日本人只認為就是獲得勳章，或者得到很高的地位與權力。這樣的生活方式並不能說是美好。真正美好的生活，與金錢或物質並不是一致的。

聽說德蕾莎修女第一次來日本時，最感到驚奇的是：「美麗」。街道、房屋、服裝全都很美。不過，她也這麼說：「如果在美麗的家中，沒有親子的交談，夫婦相互的照拂，或者少了笑容，那就不如印度小屋中和睦相處的家庭來得幸福。」

「漂亮」可以用金錢買來。可是真正的「美」是買不到的。那是需要有崇高的生活方式、克制自己的態度、或對他人深刻的關懷，也就是說，這種心靈的光輝是需要善加培養的。

相田みつを（Aida Mitsuo）*註8說：「互相爭奪即不足，互相分享即有餘」，正是這個意思。

「漂亮」可以用金錢買來。
可是心靈的「美」是買不到的。

心靈的美，
是與自己的心搏鬥，才能獲得的。

價值觀

兒女的價值觀由父母形成

一個母親帶著三歲左右的男孩，走過正在修理自來水的工人面前。她對孩子說：「像叔叔們這樣努力工作，你才能喝到那麼好喝的水哦。我們經過那裡，就跟他們說聲謝謝吧。」

也在同一個地點，另外一個母親帶著一個小孩子走過來。她對孩子說：「你不用功的話，就會像這些人一樣，做這種粗重的工作。」

價值觀就是如此，常常是由父母傳給小孩。第一位母親，把彼此都是人、彼此都該互相幫助、對勞動者必須表示感謝的想法種植在孩子的心裡。第二位母親，正是把對職業的偏見及對學歷的差別等價值觀灌輸給小孩。

我的母親並沒有什麼學歷，不過她把做為一個人什麼是最重要的事，確實地傳達給我。

母親雖然在生前一次也沒有接觸過《聖經》，不過我發現母親的價值觀中，很多都包含著耶穌認為是最重要的事。

母親對固執倔強的我常說：「擰自己的身子，去體會別人的痛苦吧。」這就是將「想讓別人為你做事，你就先為別人做吧」這種基督的愛與憐憫，用另一種角度表現出來。

在此並非用禁止的話教你「不可以去擰人」。而是教你：先擰擰自己，讓自己知道被擰有多痛苦。價值觀超越言語，它是由人的行為與態度而被傳承下來的。

價值觀超越言語，
它是由人的行為與態度
而被傳承下來的。

同樣一件事，會由不同的價值觀而產生不同的看法。
傳遞給孩子們愛與憐憫的價值觀吧。

以母親的身影為榜樣

有一個父親對扒竊文具而被捕的小孩說：「你真笨，不管你要多少，我都可以從公司帶回來給你啊。」

小孩不一定會聽父母或老師的話，可是小孩會照父母或老師的做法去做。所以在小孩身邊一定要有好的榜樣存在。「我們所企望的小孩的理想形象」，是需要父母與老師自己努力表現的。

我的母親只是高等小學校＊譯者註5畢業。與父親結婚後從鄉下搬到城市。隨著父親高陞，做為他的妻子，她想必辛苦地去學了與其身分相稱的教養。

當這樣的母親對我們說：「你們也要好好努力」時，面對母親拿自己做榜樣的這種態度，做為孩子的我們只能無言以對，默默遵從。

母親常用諺語教導我們對事物應有的認識，比如說：「能容忍的事誰都可以容忍，能忍受不能容忍的事，才是真正的容忍」，就是其中之一。

母親是一個很能容忍的人。我們覺得無法忍受的辛苦，她都默默地忍受下來了。她教導我們：誰都可以做到的忍耐，那不算容忍。對一般人無論如何都無法忍受的事，自己能夠忍耐、接受，才值得叫做「容忍」。

在我八十五年的生涯裡，這個教訓不止一次地支撐著我。

有一次，在會議中，遇到一個極為無理的個人攻擊。開完會後，有幾個人對我說：「您真能笑著忍耐啊。」這可以說完全是托母親的福。我在心裡默默對已故的母親說：「謝謝您給我一個好榜樣！」

小孩不一定會聽從父母或老師的話，
可是會照父母或老師的做法去做。

教小孩不需要用言語，
只要自己誠實努力地活下去。

天主教學校的目標

為了具有獨立人格而活著

文明的利器，確實帶來了「便利」、「安樂」與「快速」，相反的，卻似乎剝奪了人「等待」、「忍耐」與「安靜思考」的習性。

幾年前，NHK的特別節目播放了關於一個美國少年的事。他在一個破碎的家庭出生長大，所謂的朋友淨是一些為非作歹的夥伴。結果十五歲的他，因為犯法被捕，被判處十五年的徒刑。

服刑期滿後，他決定從此改過自新，去過一個「正經的」生活，但他不知道應該怎麼做。就在此時，有一天，一個無家可歸的人來到他的勞動場所，對他說：「你遇到困難時，是先有反射性的行動、然後有感覺、最後去思考，以這樣的順序去做呢？還是剛好相反？」

年輕人回答：「就如你所說的做法啊。」這個街友對他說：「所以你現在才會在這裡啊。以後你可以用相反的做法去試試。」

從此這個年輕人開始了與他自己的搏鬥。對於任何對象或事物，都先思考，再去感覺，然後再去行動。雖然經歷了幾次失敗，不過因為依照這個順序重複了許多次，他終於成為一個走上「正經的路」的人了。

這種先思考，有了餘裕，然後再去行動的順序，正是達成「獨立人格」所需要的生活態度。羅馬天主教教育部出過一本小冊子，裡面明確記載著：「天主教學校是以達成獨立人格，以及培養具有人格的人為根本而設立的學校。……使人成為具有人格的存在，這就是天主教學校的目標。」

先思考，再感覺，然後行動。

所謂思考，就是與自己對話。
先和自己對話，然後再決定如何行動吧。

培養美好的「因緣際會」

我現在經常在三個大學與兩千個學生接觸。每次下課後，學生總會寫紙條給我，坦率地告訴我他們的種種苦惱。比如說，郵件得不到回音就覺得很擔心；遠距離戀愛，總覺得男朋友難以信任；祖母與母親之間不太和睦等等。不止如此，有時還有「對死刑的制度看法為何？」這樣的提問……她們大概認為我是修女，值得信賴，所以寫什麼都可以才寫給我的。

最近，提問的人越來越多，只寫一句：「修女，您的看法怎樣？」就沒有下文的人也增多。也許是想聽聽我這個年長者的意見，也可能這位同學沒有什麼談心的對象。在家裡想說些什麼，但父親總是拖著疲憊的身子回家，而母親對這些話不感興趣，兄弟姐妹也很少。對於有朋友關係的人，常常覺得不好意思，或者只能在表面上說一些討好對方的話。這樣就是沒有珍惜「好的際遇」。如果要讓它成為「好的際遇」，你必須要在某種程度上努力培養這些因緣際會才行。

現今在網路上有很多交友網站。並且聽說不少人只要稍微覺得志同道合，就不知不覺進入很深的關係。所謂「神讓我認識這個人，所以我得好好珍惜這個際遇」，「珍惜培養因緣際會」的這種感覺，變得愈來愈少了。獲得的機遇，以基督教用語就是「攝理」（即天意）。「此人有緣注定與我相逢，所以我得珍惜這個緣分」，這樣的心思最近似乎已經消失殆盡。

自己好好思考，積極往前活下去，就能通向美好的際遇。

為了使相逢成為美好的際遇，
必須努力培養這份因緣。

只是相逢並不能馬上達成信賴關係，
讓我們好好培養「珍惜這個緣分」的心態吧。

微笑可以醫治對方的心

有一次，我收到一個大學生的明信片說：「修女的心是否不會興起風浪呢？因為常看您總是滿臉笑容。」我回信說：「沒有那回事，我也是會有風浪的。不過，我會自己處理，留心使它不至於連他人的生活也變得黯淡。」

即使是修女，只要做為一個人，就不可能一直保持心裡的平靜。受到別人無心的言語或態度的打擊；對不順暢的事物覺得心煩意亂；或是遇到身體不舒服時，要一直維持笑容並不容易。生來好強的我，特別是站在行政管理的立場，在人面前總是盡量注意保持明朗的態度與笑容。確實，我常自戒：顯出黯淡的臉，對事情無濟於事，何況自己也沒有權利使別人也變得黯淡呀。

生來很少有笑容的我，會開始有較多的笑容，是由於一件說來不好意思的事。當我二十幾歲時，與美國人一起工作，一個男同事對我說，「渡邊小姐的笑容真迷人」，從這時我才開始轉變的。誇獎別人真是重要的事啊！

對所謂以笑臉過日，能稍微加上自己的註腳，是在我三十歲以後，當我讀到〈微笑〉這一首詩時。這首詩開頭說，「雖然是不必花錢買的便宜的東西，可是對別人卻是非常有價值的」，接下來以此作結：

如果你得不到
期待的微笑時
不必不愉快
就先對他微笑看看吧
忘了微笑的人
是因為沒有人比他
更需要微笑呀

遇見了這首詩，使我的笑容的內涵改變了。從可愛迷人的笑容，轉變為具有能體諒別人的笑容，再轉變為與自己心靈搏鬥的笑容。那是對不能微笑的人的愛的笑容，同時也是不受對方態度影響，使自己的人生以笑容度日的決心，更是做為表現自我的一種笑容。

然後，這個轉變帶給我兩個發現。

第一是，在事情無法順利進行時，有了笑容，就不可思議地能獲得解決。跟婆婆處得不大好的畢業生告訴我說：「是真的呀！被指責的時候，我就用笑容說一聲謝謝。兩人之間居然變得很好了。」

另一個發現是，經過與自己的搏鬥後所產生的微笑，具有醫治他人心靈的力量。並非做作的笑容，也並非職業的笑容。從苦難的土壤中開花的笑容，既不用花錢，而且對見到你笑容的他人來說，是具有很大的價值的。讓見到你笑容的人感到內心充實，不但自己沒有任何損失，而且還能讓自己的心靈充實起來。

不要忘了，不高興是一種巨大的環境破壞。你是否從口裡、態度上放出了有毒物質？使大氣受到污染，使環境受到破壞，使人心受到侵蝕？以笑容過日，是一種出色的環保啊。

有一天，修道院的上司對我說：「什麼事都做不好也沒關係，只要你保持笑容就好了。」這真是值得感謝的話。希望我們也能用同一句話，向不同年齡的人述說吧。

凡事不能做好也沒關係，
只要你笑臉常在。

保持笑容真不可思議，凡事都能順利解決。
微笑能充實對方，也能充實自己的心靈。

清爽的風

讓心靈通風，更換污濁的空氣

有一次，一個學生自殺了。這個學生經常和我在一起討論生命的意義，我覺得特別傷心。在開始下一堂課前我先做了默禱，然後為了祈求這學生的冥福，我用「因為痛苦，所以不妨再活久一點看看」做為與大家的約定。

過了幾天，在走廊遇見四年級的學生宿舍代表。我知道最近宿舍裡發生了種種事情，就對她說：「你也辛苦了。」那學生笑著用堅定的語氣說：

「是很辛苦，不過因為辛苦，所以想再努力堅持看看。」說完就輕快地離開那裡。我還記得，學生走後，迎面吹來了一陣清涼的風。

記得有一個用「痛快清爽」做為宣傳標語出售的清涼飲料。現在的世界連香味都可以用人工做出來。這些用錢可以買到的清爽，無法拂拭我們每天生活中的繁瑣與鬱悶。

心靈的清爽是無法用金錢買到的。那是從不迴避生活的困難，接受一個個的現實，執著於「是辛苦，所以再努力堅持看看」而產生的。把困境變成機會，這種由聰明與明朗所產生的堅強之氣，就成為清爽之氣而顯現在心靈上。

就因為身陷苦境，而決心再活久一點的時候，在那裡就會有一陣涼爽的風吹過來，為你帶來生活的力量與勇氣。

就因為痛苦，
才應該再活久一點看看。

活著很不容易，可是有決定活下去的覺悟時，
會給人帶來力量與勇氣。

你是寶貴的

感人肺腑的愛的言語

幾年前的一天早上，我接到一個電話，告訴我一位中學二年級學生自殺的消息。向我報告的校長嘆息著說：「從入學到現在，我不止一次跟學生強調，要珍惜生命，生命是寶貴的。沒想到竟然如此。」

過了一個星期，剛好在學校上有關於生命問題的課，我提出這件事，與學生們一起為這個中學生祈禱。

我的課是集中授課，人數很多，點名都是用備忘紙條代替。學生們交出紙條時，我都讓她們隨意寫上感想或疑問。那天交出的紙條中，有一張特別吸引我的注意。她這樣寫著：

「最近有這樣的廣告說：生命是寶貴的，要珍惜自己的生命。與其用這種話說了千萬遍，不如有誰對我說一句：『你是寶貴的』。只要聽到這樣，就會使自己產生活下去的勇氣。」這學生接著說：「最近我才體會到這些話的意思。『我是寶貴的，我有活下去的價值』，這麼一想，我就會覺得自己已經漸漸堅強起來了。」兩年後，她順利畢業離開了學校。

在教室裡聽了幾次，海報上也看了幾次：生命是寶貴的。可是沒有任何真實的體會，也是不夠的。為了使自己能夠真實體會，是需要沁人肺腑的愛的。我也不免想起一些自身的經驗。

那是六十多年前的事。戰後，在經濟困苦中有幸受到高等教育的我，也想學一點英語。我一邊上學，一邊就在上智大學夜間部國際學部的教務處打工。那是以當時駐留日本的美國軍人與家族為對象的夜間學校。

因為戰時禁止英語，我的英語能力並不靈光。又是第一次上班做事，做什麼事都不如人。

有一天，我的上司、一個美國人神父對我說：「你真是一顆寶石。」比起我哥哥與姊姊，簡直就像「石頭」的我，一瞬間懷疑自己是不是聽錯了。可是就是這一句話，使一向沒有信心活下去的我，漸漸變得「堅強」起來。

沒過多久我就發覺，所謂「寶石」，並不是指我在辦公室的工作表現，而是意味著自己的存在受到別人的尊重。這就如《聖經》舊約依撒意亞書所說，天主對每一個人都這麼看待：「因為你在我眼中是寶貴的。」（按：據思高《聖經》，第四十三章原文）。

對後來在教育界工作的我來說，這是一個很難得的經驗。也就是說，人的價值不在於會做什麼，或不會做什麼，而是做為一個不可或缺的「存在」，那才是「寶貴」的，那才是「寶石」。我也發現，以如此的感受，致力影響心靈的教育，才是天主教教育的真義。

曾來我執教的大學演講的德蕾莎修女，她對怎麼看也不是「寶石」的窮人、孤兒、病人、無家可歸者，都認為是「天主眼中最寶貴的人」，而加以悉心照顧。對每一個人她都親自告訴他們：「你是寶貴的。」聽到德蕾莎修女的話而受感動的幾個學生，說要組織一個服務團，去加爾各答服務。她溫和地教誨學生們說：「與其去加爾各答，真正重要的，是去發現你自己身邊的加爾各答，在那裡好好工作吧。」

現在，渴望感覺到「你是寶貴的」那種愛的人很多。我希望這個大學能培育出把自己與他人都看成「寶石」，而樂於在身邊的加爾各答服務的人。

只要有人對你說：「你是寶貴的」，
就覺得能再繼續活下去。

人都渴望愛。
只要自己的存在被承認，
就一定會變得更堅強。

沒有所謂一帆風順的人生

在我們每一個人生活中或心中，常會意想不到突然破了一個洞，有時就從那縫隙裡吹過一陣冷風。譬如遇到生病或者親近的人去世，與他人發生爭執，事業失敗等等。洞的大小、深淺也不一樣。或許把洞補好是重要的事，不過從前沒有看到的事物，透過這個破洞去看看，也是一個重要的生活方法。

有一次上大學女生的課，我對她們提到這人生的破洞的事。暑假過後再到教室上課，一個四年級的學生來我面前對我說：「修女，這個暑假我的人生開了一個大洞。」

她說，真是想不到，自己會到婦產科接受手術。雖然手術成功了，可是醫生告訴她可能再也不能生小孩了。她受到很大的衝擊，因為正在考慮結婚的男朋友非常喜歡孩子。原想瞞著不說，可是一想以後遲早會被知道，就覺悟著坦白地說出來。沒想到男朋友聽完自己的話，溫柔地說：「別擔心，我並不是要跟能生小孩的你結婚，我想結婚的是『你』本人呀。」

說到這裡，那個學生哭了，接著又說：「如果我的人生沒開了這個洞，也許結了婚，會在不了解對方的誠實與深摯的愛情中度過一生。」這學生由於在自己人生中開了一個洞，透過這個洞看到了在此之前不曾看到過的東西，發現對方那近於神佛的「無條件的愛」。這只能在人生的破洞裡才看得到的。從洞裡吹過來的冷風，使自己睜開眼察覺到他人的愛與溫柔。

以前我讀過這樣的話語：在黑暗的深井底下，白天也可以看到頭頂上的星星。井越深，裡面越暗，星星就越能清楚地看到，甚至肉眼看不到的東西竟然也能夠看到。

在我的人生裡，以前有過數不清的破洞，以後也會有。說自己的人生充滿了破洞也不為過。不過至今總算還能平穩度過，這多虧與不少人的相逢和信仰的力量所致。所謂宗教，並非為了彌補人生的裂痕，而是從裂痕中讓我們看到未曾見過的事物的恩惠、勇氣與鼓勵。

在許多的破洞裡面，最使我感到難堪的，是我在五十歲時有了所謂「憂鬱症」的破洞。這個病有多難受，恐怕沒得過的人是無法理解的。我想是因為當了校長，又要擔負修道院的要職，疲勞過度所致的。歸依信仰三十多年，修道生活也已經過二十年，我卻完全失去了自信，甚至想一死了之。

我雖然住進醫院，也服了藥，那兩年卻真是痛苦。此時，有一位醫生安慰我：「這個病與信仰沒有什麼關係。」又有一位醫生告訴我：「命運雖然冷淡，可是天意卻是溫暖的。」對呀，「天意」——我必須知覺，這正是我所需要的，帶給我恩惠的人生破洞啊。自此，我才發現如果沒有破洞就不會察覺到的許多事物。

就這樣，透過「患病」的人生的破洞，我看到了以前沒有察覺到的很多事，比如過去別人對我的溫情，還有自己本身的傲慢等等。由於我得了這個病，變得比以前更溫和，更能包容別人的缺點了。然後，我還會對患了這種病而苦惱的畢業生說：「從破洞裡可以看得到一些什麼東西喔。」

人生如果破了一個大洞，
可以從洞裡看到以前不曾見過的事物。

從意外的不幸遭遇與失敗裡，
有時可以發現什麼是真正重要的事。

等待時機

匆忙生活不如保留一點心靈的餘裕

「不是說：『等待的話，海面上就會變得風和日麗』嗎？」在我情緒焦躁時，教導我等待時機是重要的，就是我的母親。

長大後讀《聖經》，看到〈訓道篇〉（Qoheleth）裡說：「事事有時節，天下任何事皆有定時」（按：據思高《聖經》，訓道篇第三章原文），又說：「天主看了祂所造的一切，認為樣樣都很好。」（按：據思高《聖經》，創世紀第一章原文）。對這些真理我也能體會到了。另外，「臥薪嘗膽」、「隱忍自重」等成語，也是教導我等待時機是重要的言語。

就是如此，這些話都告訴我，為成就一個願望，你必須忍耐、等待著。到了某一天，我才自覺到，在日常瑣碎的生活裡我並沒有認真去實行過，所以就下定決心去實行。

我住的修道院是在大學裡一棟大樓的四樓。每天乘坐可容納九人的小電梯上下班。有一天，我發現自己按了標示幾樓的按鈕後，無意識地就隨手按了「關」的按鈕。也就是說，我發覺自己竟無法等待電梯門自然關閉的四秒鐘時間。

然後我自我反省：難道我只能做「四秒鐘也不能等待的人？」我發現此事意義重大，從那天起就立下決心，即使一個人搭電梯時也要「等待」。

這個決心雖然微小，可是卻逐漸使我成為「對其他的事物也能耐心等待的自己」。在等待的時候，我就做一個小小的祈禱，比如稱頌聖母瑪利亞也成為一種習慣。為學生們，為苦難的人們，為和平而祈禱。時間的用法，就是生命的用法。等待的時間，就是祈禱的時間。發現這個事實，使我感到自己好像知道了一件好事，而覺得高興起來了。

時間的用法，就是生命的用法。

發現只要等待就能產生心靈的餘裕時，會使生存的「現在」，變得更為充實。

可能性

相信人內部潛在的可能性

在美國修生活輔導（counselling）課的時候，有機會見到創設「非指示性」輔導（non-directive counselling）的卡爾・羅哲斯博士*註9。

羅哲斯博士相信，每個接受輔導的人都有潛在的可能性。雖然用眼睛看不到，可是在每個人的內部，一定存在向成熟邁進的力量與傾向性。如果對這種潛在的可能性賦予恰當的心理環境，相信一定會讓自己邁出現況的一步。

這恰當的心理環境，就是「寬容的環境」。所以輔導員會傾聽受輔導者說話，而絕不會說：「你錯了」，或者「你應該這樣」這種批評或指示。

知道自己的存在被人肯定時，商談者就不會畏懼而開始說話。看到羅哲斯博士熱心聽你述說的態度而有勇氣說話後，就漸漸能夠開始整理自己心裡的癥結，商談者對自己所背負的問題也就比較能冷靜地去凝視，並且開始走向自我解決的途徑。

對四十多年來接觸眾多學生的我說來，羅哲斯博士那種輔導的態度，對商談者可能性的信賴與尊敬，還有聆聽他人的態度，成為我極為難得的教誨。

雖然用眼睛看不到，或者有時覺得無法相信，可是，相信每個人的內心一定有向成熟邁進的力量與傾向性。這可以說就是教育的根本。要誘引出一個人的可能性，需要有一個寬容的環境去引發。先接受對方真實的姿態，就會讓藏在對方內心的可能性綻放開花。我能獲得這樣的教導，實在覺得非常幸福。

接受對方真實的姿態，
對方潛在的可能性就會開花。

誰都有「向成熟邁進的潛力」，
就從信賴對方、尊敬對方做起吧。

目標

如何達成理想的自我

我在修道院自己房間的牆壁上貼著一張「減肥三公斤」的紙條。很不好意思，這是我現在的目標之一。做為達成目標的手段，我在同一紙條上還寫上「不可吃零食」幾個字。

因為生了病個子變小，但與身高比較起來，更要注意體重過重。所以就訂下目標。為了達成這個目標同時也寫上手段。雖然這是微不足道的事，但是為了達成目標需要一定的努力，那是需要每天與自己搏鬥的。

聖母清心學園的校訓是：「保持心靈的清純，做一個有愛心的人」。

無論信仰如何，在天主教學校唸書的人，可以說，她們的共同目標就是以耶穌與聖母為理想形象，以祂們的生活態度為榜樣的。

這個高度的目標，不知到底能夠接近到何種程度，不過只要在這個學校學習期間，做到憐憫他人，善待罪人、病者與弱者。希望學生們能像愛之人耶穌一樣，成為能慈祥對待被離棄的人們而內心優美的人。還有，效法「心靈清純的人」瑪利亞，不被體面與自身的利益奪去良心。聽從自己良心的呼喚，培育自己成為能在天主眼神下生存下去的人。

這校訓正標示了達成這個目標的途徑。

確立目標是簡單的，而達到目標的路程卻是險峻的，或許有跌倒的時候。可是重要的是繼續走，倒了就爬起來，爬起來就再繼續走。

輸了誘惑，有時就吃起零食。對這樣不足的我，耶穌基督卻經常用慈祥與溫和的眼光去守護我。

跌倒了，就站起來，再繼續往前走，
這是重要的。

有時停下來休息也無所謂。
要看你是否能再從休息處開始往前走，
那裡就是達成目標的分歧點。

希望

辛酸的夜晚也終會迎接早晨的到來

維克托・弗蘭克爾（Victor Frankl）*註10在他的著作中說：希望，有使人活下去的力量，也有殺人的力量。

弗蘭克爾是奧地利的精神科醫生。在第二次大戰時，由於他是猶太人而被納粹所捕。先後被關進奧斯威辛集中營及達豪集中營，後來九死一生，得以迎接終戰。

他在記錄自己集中營體驗的書中，有以下這些實錄。集中營裡有一些人期待在一九四四年聖誕節之前，能重獲自由。可是到了聖誕節，戰爭並沒有結束。然而到聖誕節之後，他們之中有很多人都去世了。

縱使是沒有根據的希望，只要有叫「希望」的東西存在，它就成為那些人生存的力量，或者成為救活那些人的力量。喪失希望，也就等於喪失生存的力量。

這裡面只有兩個人活下來。這兩個人沒有限定自由的那一天為聖誕節。他們抱著「到時，一定會有獲得自由的一天」這種永續的希望。一個人希望在有生之年完成留下來的工作。另一個人夢想著，要跟住在外國而非常需要他的女兒一起生活。

事實上，戰爭在過完聖誕節幾個月後就結束了。弗蘭克爾在書中說：一直活到當時的人，未必是身體健壯的人，而是直到最後也不放棄希望的人。

希望或許有能實現的，也有不能實現的。重要的是：能一直保持著希望。然後說：「請神成全這個意旨」，謙虛地把希望交託給神吧。

希望會有落空的時候，
重要的是，要繼續保持希望。

喪失了希望，也就是喪失了生存的力量。
如果有了心靈的支柱，
無論怎麼困苦的狀況，也一定能夠忍耐度過。

忍耐

為所愛的人尋得生命的意義

一個畢業生寫信跟我說：為了自己殘障的兒子，覺得無論怎麼艱苦，也必須活下去。

「知道『為什麼』應該活下去的人，大抵都能耐得住所有的『如何』。」這是哲學家尼采*註11所說的話。對於有必須活下去的理由的人，無論在任何艱苦的狀態裡，都能尋找到繼續生存的方法。

從納粹的集中營裡活著回來的精神科醫生維克托・弗蘭克爾，在他的《死與愛》的著作中，提到一個囚犯訂下的「與上天的契約」。這個囚犯被關在納粹集中營裡那種嚴酷狀態中，含辛茹苦，終於度過艱難而生存下去。就是由這個契約而來的。

這個契約，就是與上天的一種交易。書裡面說：「如果自己是一定會死的命運，那麼就把這個死換成另一個生命，送給我最愛的母親。」又說：「如果自己在死之前越能含辛茹苦，就越能使母親面對較少痛苦的死亡。」

就這樣，只有給自己的死與痛苦賦予意義時，才能忍受充滿苦痛的集中營生活。也才能有甘心迎接死亡的覺悟。於是，在集中營裡，原本覺得自己的生命毫無意義，因為賦予這種意義，而變成有意義的東西了。

當時他的母親是否還在集中營裡生存著，無從得知，可是無論是生是死，在精神上，為親人犧牲的喜悅與使命，使這個囚犯免於奔向通電的鐵絲網，從自殺的邊緣獲得解救。所謂忍耐，是在抱有更大的意義時才會變得可能的。

只要給自己的生命賦予意義，
即使在困苦的狀況下
也能繼續活下去。

人在認為「要為所愛的人活下去」時，
就會更堅強起來。
愛，就是生存的原動力。

神不會拒絕相信祂的人

這首詩我不記得是誰給我的。我的手中有一首叫〈戰死的俄羅斯士兵的祈禱〉的詩。這是一位俄羅斯士兵，在一次激烈的戰爭前第一次感到上帝的存在，而對上帝述說的詩。

詩的開頭說：「請聽啊，上帝！以前我對祢的存在毫無所知。小時候人家告訴我祢並不存在。我就一直這麼相信著。」就在這麼一個可能一去不回的出征的夜晚，他看到頭上滿天閃爍的星斗，對以前漠不關心的上帝的存在，以及人是如何殘酷的事實，終於在此刻領悟了。

聽到出擊的號角，他繼續寫著：「我再也沒有什麼話可說了。能認識祢真高興。祢也知道，戰鬥很激烈，今晚我可能就會去敲祢的門。這樣的我，祢也會讓我進去嗎？」

他繼續說：「我的眼睛已經張開了。再見了，上帝！我不得不去了。可能就此不會再活著回來。很奇怪，我已經覺得不再怕死了。」

原來對神的存在漠不關心的士兵，在臨死之前，看到滿天星斗的神奇，知覺到神的存在而與神相逢。這是他親密地向神述說的一篇美麗的詩。

讀了這篇作者不明的詩，我受到很大的感動。這個士兵，因為知道了神的存在而獲得心靈的安祥。那晚，他一定在神的懷抱裡受到溫暖的擁抱。因為對神漠不關心的人，神仍一直在給予充滿愛的關懷呀。

神對漠不關心的人，
一直在給予充滿愛的關懷。

感到神的存在時，
誰都能使心靈獲得安祥。

第三章

優雅地老去

獲取燻銀的光輝

四國的詩人坂村真民*註12，在八十歲之後寫的詩裡說：

我不知道
所謂年老
竟是這樣優美的事
年老……
就像垂柳一樣

自然就會低下頭來

就如「老醜」所形容，老人總是容易被看成又老又醜，柔弱可悲的。尤其是現在的日本，世間總把年輕看成好事，認為有力量的人最為理想，認為老人喪失了這種價值，而有被輕侮的傾向。

我在不知不覺中也已經八十五歲了。說實話，我並沒感覺到像坂村真民說，年老是優美的。不過，在年輕時不曾察覺的一天的重量，現在卻能衷心感到：「今天也能讓我活一天，真是值得感謝。」對以前能做到而現在不能做到的，這種自身的脆弱，我也深深地知覺到。曾幾何時，我學會了對他人低頭表示謙虛的習慣了。

這種從自己內心湧現出來的謝意與謙虛，也許就會成為一種「光輝」。這不是年輕而充滿生氣的光輝，而是在長久時間蓄積而成的燻銀的光輝*

譯者註6。

失去什麼，也可以說，就是得到別的什麼。年輕時能做到的事現在做不到，不一定是值得悲傷的，反而是一個創造某種新事物的好機會。因為沒有比今天更年輕的時候，所以就把今天當做最年輕的一天，神采奕奕地活下去。這正是賦給老年人的一種挑戰啊。

把每天當做「我最年輕的一天」，
神采奕奕地活下去。

年老不是悲傷的事。
挑戰新的事物，
讓自己時時閃耀著吧。

年齡是我的財富

上了年紀才能學到的事

誰都不想變老。可是有一次，我讀到了這句話：「不要奪走我的年齡，因為，年齡是我的財富。」

自從我遇見這句話以來，我的心裡開始萌生了「要取得能成為財富的年齡」的想法。然後重新發現，自己應該自在地生活，而且要珍惜時間好好過日子了，讓自己不斷地成長下去。

雖然肉體的成長會停止，可是人的成長，一直都是可能，也一直都是需要的。這種成長與其說是延續，不如說是趨於圓熟。也可以說，這就是意味著成熟的意思。

剪掉不需要的枝與葉，變得一身輕鬆；捨棄固執與執著而坦開胸襟；傾聽他人的話語而以謙虛為懷。這都是所謂「成熟」的重要特質啊。

世間絕不會如你想像的順暢。人各有異，不同的人必須彼此相容相許，這些事都是在年歲增長中可以學到的。然後，如果能在這些事物中，發現神的愛起著作用，並且能不忘記喜悅、祈禱與感謝之念而活下去的話，這就是名副其實的「成長」，也就是取得了可以當做財富的年齡了。

成長與成熟都伴隨著苦痛，因為自己必須要與自己搏鬥，或想求自我消逝。就如一顆麥子，當它落地而死時，從那裡才能再產生出新的生命，而自己的生命也在那新生命中得以延續下去。

「終其一生所留下的，不是我們收集而來的東西，而是我們所施予的。」

但願我能度過可以當做財富的殘餘歲月。

終其一生所留下的，
不是我們獲得的東西，
而是我們所施予的。

人無論到幾歲，都能讓精神更趨於成熟。
能謙虛為懷，就是成熟的明證。

歲末感言

感謝至今的恩澤

日語「瀨 se」一詞，在《廣辭苑》*譯者註7裡記載著很多意思。例如「淺瀨 asase」是指河水較淺可以走過的地方。「早瀨 hayase」是指水流比較急的地方。另外還有「點、節（fusi）」的意思。又如「年の瀨 toshi no se= 歲末」，就是從這一年到下一年的交接點或一個段落。

聽到「歲末」而聯想到的事物裡，其中之一就是除夕的鐘聲。它會對即將過去的一年與未來的一年為我們劃下一個分號。而由於到年底還有很多沒有做完的事，十二月就叫「師走 siwasu」，意思是說，平時比較悠然自在的老師，到了此時也要東奔西跑，忙碌一番。

隨著家族成員、生活方式等的變化，以前在年底一定要做的拂塵、大掃除、做年菜等，現在已經簡化了許多，似乎大家已從歲末的忙碌裡被解放了。

我在進入修道院後，被派遣去美國一個很大的修道院。在那裡第一次迎接的歲末，是在未曾經驗過的氣氛中度過。年底的最後三天稱為靜修之日，必須在寂靜中度過。第一天是反省一年來的事。第二天回想一年來所受到的恩澤。而第三天，就是對新的一年如何度過立下決心的日子。

在讓事物「告一段落」這點上，這是一個非常適合於度過歲末的內容。也成為凝視平時因忙碌而迷失的「自己內在」的好機會。

我們終有一日，會迎接為自己的「一生」劃下句點的時候。為準備這不知何時來臨的「歲末」，我們要日日反省，祈求寬恕，過著對所有事物表示感謝的日子。這不正是在歲末應該省思的一件事嗎？

歲末，是一年的大段落。
也是心平氣和地
凝視「自己內在」的好機會。

歲末，是回顧這一年的關鍵時期。
同樣的，對人生的「歲末」，
我們也要用感謝的心情去迎接它。

年老而不屈

與不爭氣的自己好好地活下去

幾年前罹患了膠原病。因為吃藥的副作用，我得了骨質疏鬆症。胸椎的第八根與第九根壓壞，最後連第十一根也沒有了。那是痛得簡直無法起床的苦痛。雖然最後終於能夠起來走動，可是我的個子卻比以前縮短了十四公分。無論是怎麼上了年紀，成了這樣不自由的身子也是很難受的。不能拿重的東西，需要麻煩周圍的人幫我拿。以前能做的事現在變得無法去做。那種覺得自己不中用的感覺，令人很心煩。

人在年輕時擁有很多東西。體力當然有，氣力與美貌也閃爍著光輝。就是因為充滿活力，多少有一點苦惱也能沖散掉。可是年輕並不是永遠的。健康的身體不久也會患起病來，美麗的肌膚開始刻下重重的皺紋。感嘆並無法改變什麼現實。如果感嘆能使事情變好，那麼就盡量感嘆吧。可是所謂苦惱，常常是越感嘆越會增長下去的。

我覺得苦惱就像是嫉妒。最初只是一個小小的煩惱，不過如果你一直記掛著，就會像滾雪球一樣越滾越大。於是，一邊滾一邊連小小的煩惱也都黏上，一直大到自己都無法收拾。在變成如此之前，你不妨再一次客觀地看看自己。失去先前擁有的東西，確實是令人悲傷的。可是只感嘆失去的東西也無法讓自己向前走去。堅強地面對不爭氣的自己，好好地活下去吧。周遭有很多人圍繞著，可是二十四小時一直在一起的只有你自己。對這個自己不要厭煩，好好珍惜。擁有苦惱的自己，也是需要憐愛的呀。

只感嘆失去的東西，是無法讓自己向前走去的。
好好珍惜擁有苦惱的自己吧。

只是一直感嘆的話，
苦惱會如同嫉妒像雪球一樣越滾越大。
對擁有苦惱的自己，要好好珍惜憐愛。

邊走邊找一絲的光芒

有著同樣煩惱的人，例如得了癌症的人，或者是老伴自殺身亡的人，由於有一個互相吐露心聲的地方而聚在一起，也是非常好的事。不過，縱使能坦率地說出心事，也不可能百分之百地讓他人理解你的煩惱。

同樣是癌症的患者，也各有不同的症狀，並且年齡不同，所居住的環境也不一樣。同是喪失配偶的人，每對夫婦都有各自的經歷。由此說來，所謂煩惱是因人而異的。無論你如何向人訴說，要讓別人完全理解你是不可能的。如果別人向你訴說，自己也會因無法對他表示理解而覺得不耐煩。我覺得，到頭來，自己的煩惱只能靠自己面對解決。無法說盡的煩惱，就將它帶進墳裡。這不就是人生嗎？

人只要活著，是無法逃過許多煩惱的。這些煩惱有大有小，或許有些是用時間可以解決，有些則是越來越深刻的。縱使如此，人總是要活下去。要在絕望中尋找一絲光芒，朝明天活下去。因此，我常對清心學園的畢業生們引用《聖經》的話做為贈言：

「神是忠信的，祂決不許你們受那超過你們能力的試探。」（按：依據思高《聖經》，格林多前書第十章原文。）

我相信，無論是什麼煩惱，神一定會為你準備忍受試煉的力量與逃離苦難的道路的。

神絕不會
給予你過度的試煉。

人一定有煩惱。不過，
神一定會為你準備
忍受試煉的力量與逃離苦難的道路。

思考的人

化年老為良機

我在母親四十四歲時出生，大學畢業後就職時，母親已經六十過半了。母親說：「不到六十不知道六十的事。」我聽著，也只是置若罔聞地當做耳邊風。

每天吃過早飯後，母親送我出門。晚上七點又準備好晚餐等我回來。想到白天一個人在家的母親，一定是很寂寞的。想來母親一定也有腰酸背疼的日子，為什麼當時我不能更親切地照拂她呢？「墳墓是蓋不了被子的」，超過當時母親的年齡已是二十五年，到現在我總覺得很對不起她。

我把母親託給兄嫂照顧，不到三十歲就進了修道院。不久就被派到美國五年。回國後從東京被派到遠地的岡山。第二年隨即被任命為校長。

從那天以後，四十多年來，經歷了校長、理事長、教授等職位，在忙碌的職務中團團轉時，我私底下會這麼想：「等我上了年紀，我要多讀書，也要做翻譯。」不過，上年紀並不如我想像的簡單。以前能做的，現在變成不能做。縱使能做，也比以前要多花一些時間。用了八十五年的「零件」，磨損也是當然的。但對這種事實自己卻總不想去承認。結果得了病，變得彎腰駝背，動作當然也就變得遲鈍了。

在車站看到跑著下台階的年輕人，還有穿著高跟鞋昂首闊步的女孩時，我就會想「我以前也是這樣」，這就是上了年紀的證據。

我發覺，說到年老，最重要的事就是：接納如此不爭氣的自己，並且要愛惜自己。這是對學生解說「接受自我」時的一種實踐。自己原想替別人做的，變成需要別人替你做，這時候就需要有謙虛的胸懷。

再說，年老並不意味著悲傷，而是有其相應的優點。如果自己所擁有的時間與體力，甚至氣力確實都在衰減，那就不用一口氣要做所有的事，應該選擇真正重要的，或者最需要的去做。正因為如此，年老是使人變成更具有個性的機會。人與人之間的關係，也會漸漸由量而變成質。

在此不妨把坂村真民〈如果冬天到了〉這首詩裡的「冬天」換成「人生的冬天」去讀讀看。

如果冬天到了
只想冬天就好
不要一直想要遠離冬天
倒不如積極地

去接觸冬天的靈魂
接觸冬天的生命

如果冬天到了
就去認識
冬天特有的深沉與嚴酷
還有那無邊的寂靜吧

詩的最後說：「冬天是……給孤獨的我帶來的寶壺」，這正表達了我對年老的看法。

不用去懷念消逝的季節，也不必用暖氣去支開冬天的寒冷。倒不如積極去接觸冬天的靈魂與生命。如果能這樣地生活下去，孤獨的我所擁有的靈魂罈子裡，一定會逐漸豐盛起來的。

年老是
使人變成
更具有個性的機會。

年老並不只意味著悲傷，
把人與人的關係改變為「從量到質」，
就會使自己變得更豐富多彩。

猶豫

道路一定可以敞開

有個畢業生抱著可愛的小寶寶來見我，對我說：「經過長久的猶豫，終於決定生下來。」她的臉充滿了經歷苦痛後才能見到的、明朗而成熟的表情。面對周圍勸她拿掉孩子的壓力，以及生下來以後的經濟負擔，還有工作與育兒無法兼顧等因素。經過長久的猶豫，終於選擇把孕育在身子裡的生命保護到底。她的表情正顯出一種無垢的美。

她說：「以前上課時，修女不是告訴我，神不會給予人過度的考驗嗎？真的是那樣，我現在總算還能想辦法去做。」說著，一邊低頭向小孩莞爾微笑。

「讓我抱抱」，我抱過小孩一邊祈禱著說：「聖母瑪利亞，請祝福這位經過猶豫後下了決斷的畢業生。也請您守護這小孩的一生吧。」

我們的一生，有著連續不斷的「猶豫」。從今天要穿什麼這種小事，到有關生死的大事，大大小小，各種各樣都有。

能有猶豫也是一種福氣。被送到納粹集中營的人們，不許有半點猶豫，完全以命令強制。人們沒有選擇的自由，也就是說，連猶豫的自由都被剝奪了。

「當你猶豫不決的時候，就在紙上個別寫出正面與負面，最後再依比重去決定吧。」這是當我猶豫是選擇修道生活或結婚生活時，一位美國人上司教我的。決定生下小孩的畢業生，她想到曾經在大學上過的課，就在自己的正面欄裡寫上「神保佑」幾個大大的字，為自己的猶豫畫上了句點。

能有猶豫，
也是一種福氣。

當你猶豫不決的時候，
就把它認為是獲得了「選擇的自由」，
在紙上寫出正面與負面，最後再依比重去決定吧。

意識

年老是神所賜予的禮物

以前不大留意，而最近不想也會意識到的就是「年老」。現在我雖然還能站在講壇上，也還擔任管理職務，但活到八十五歲，深切感到的是，「年輕時毫不費力的事，現在已經不能做了」。

耶穌在復活後對彼得說：「你年少時，自己束上腰，任意往來；但到了老年，你要伸出手來，別人要給你束上腰，帶你往你不願去的地方去。」（按：據思高《聖經》若望福音，第二十一章原文）。這些話真是沁人心脾。的確如此，我發現自己彎下腰綁鞋帶變得不容易，在台階前總要找找有沒有電梯或電扶梯。總之，確實已變得身不由己了。

年輕時只要有時間，就想要做這個，做那個。而現在自己發覺，即使有時間也不想去做，似乎意識到自己已經「年老了」。用了八十五年的零件，當然也會損傷的。雖然心裡這麼想，可是要接受自己不爭氣的事實，卻不是那麼容易的事。

曾當過上智大學校長的斐維斯（Hermann Heuvers）*註13神父，在「最高的技巧」這首詩中提到年老時寫道：「想為別人工作，不如謙虛地讓別人幫忙你……為了走向真實的家鄉，得把自己繫在世間的鎖鍊一點一點地解開。」正是如此，當我們能意識到自己年老時，就必須要變得柔和與謙虛。

雖然我還沒有到達可以斷言「年老是神賜予的禮物」的地步，但希望有一天我能這樣地意識到。

人在意識到自己年老時，
會變得更柔和與謙虛。

不要感嘆自己年老。接受它，
讓自己成為能體會「年老是神的賜予」的人吧。

第四章

何謂「愛」

打招呼

你是重要的人

在東京武藏野我就讀過的私立小學，當時多數日本高層領導人的子女也在此上學。因為是男女同校，在當時是比較罕見的。這小學勵行「心的教育」。每天早上，全體學生都要聚集在禮堂，齊唱〈心力歌〉*譯者註8。在嘹亮的鐘聲裡開始「凝念」，拱著手使心裡平靜，然後再進入教室裡。

在入學時，導師就告訴我們，「在通過校門時，男生要脫下帽子向守衛行禮，就像對老師行禮的態度一樣」。六年之間一直這麼做，無形中就變成一種習慣。等到出了社會，才領悟到這就是一種領導學。

像埋在土裡的水管
高樓底下的下水道
重要的東西表面是看不到的

（相田みつを Aida Mitsuo）

我在現在的工作單位裡，對不受到特別矚目的工作人員也能好好打招呼，或許就是當時在小學裡學到的。我也對學生們說：「不論是為我們清掃或除草的人，都應該好好跟他們打個招呼喔。」

可能有一些年輕的老師認為，「已經給他們工資，不需要特別打招呼或道謝吧。」這種想法是大錯特錯。打招呼是跟身分或立場都沒有關係的。

特別是對平時很少有人向他打招呼的人說來，打招呼是向他表示「你是重要的人」的最佳方式。也是互相察覺托彼此的福氣而生存著的寶貴機會。

打招呼，
是對人表示「你是重要的人」
的最佳方式。

不要忘了對做著不受矚目工作的人打招呼，
因為我們彼此都是托對方的福生活著的。

父親與我

父親在九年中對我傾注了一生的愛

我父親*註14在一九三六年二月二十六日去世，享年六十二歲。當時我才九歲。後來母親在一九七〇年以八十七歲高齡去世，姊姊與兩個哥哥也先後走向天國之門。剩下的只有最小的我。事件發生當天，我和父親正並排睡著。過了七十多年，現在我仍記得，那是積雪高達廊下的一個早晨，我聽到乘著卡車奔馳而來的士兵們的怒號與槍聲。父親就在這狀況下被殺身亡。這最後的情景，一直銘刻在我的耳目與心中。

我是在父親以陸軍中將擔任旭川第七師團團長時出生。與父親一起度過的時光只到九歲，對父親也只有片段的記憶。對這年紀大了才生下的我，父親總是說「我與這個女兒沒有多長時間可以相處」，而對我倍加疼愛，甚至常讓兩個哥哥嫉妒。

辦完一天軍務回家時，奔向父親的懷裡也是我的特權。這時父親會從藏在軍服的口袋裡，偷偷地拿出一個夾心糖給我。換了和服後，就讓我坐在膝蓋上，一起念著在學校所學的《論語》，還用平易近人的話向我說明其中的意義。對於喜歡讀書的父親說來，想必是一段很快樂的時光。

父親是一個沉默寡言的人。有一天吃飯時，平常不大說話的父親，對我們孩子們說：「媽媽也並不是不喜歡好吃的東西呀。」這句話我一直無法忘記。因為母親常默默把好吃的東西堆在孩子面前。對好像理所當然地吃著的我們，這是父親對我們的提醒。也是對日夜為孩子們操心的母親，一種關切與慰勞的言語。

父親是一個很努力的人。學校只讀到小學四年級的他，自己獨力修完中學課程。然後以優秀的成績進入陸軍士官學校，聽說最後在陸軍大學獲得恩賜的軍刀光榮畢業。父親並不是一個自鳴得意的人，這些事都是母親在父親死後告訴我們的。

做為一個駐外武官，常常在外國生活的父親，想必是擅長外語的。在第一次大戰後，輾轉派駐德國、荷蘭各地時，他親身體驗到：「無論是勝是敗，戰爭總令國家疲憊。因此，軍隊可以強，戰爭卻是萬萬不可的。」

父親曾經向母親吐露：「我是他們的眼中釘」，是對熱望戰爭的人的絆腳石。父親似乎已覺悟到，有一天自己的生命會葬送於他們手中。二月二十六日早晨，當他聽到槍聲的時候，趕緊從枕頭旁的壁櫥裡拿出手槍準備應戰，就是一個證據。

父親在將死之前為我所做的事，就是在槍林彈雨中拉起睡在旁邊的我，把我藏在靠牆壁直放著的矮桌後面。就這樣，他就在離生前疼愛的女兒一公尺之前，在女兒的注視中死去了。此即為昭和的大政變，二二六事件的早晨*譯者註9。

我長大以後，才聽姊姊說，因為有人說：「如果師團長生個孫子還可了解，生孩子就罕見了。」母親要生我時可能有些猶豫，那時父親就說：「有什麼覺得不好意思的，生下來吧。」我就是這樣出生了。

有時候我會想，如果真的是這樣，父親或許為了當時在被三十幾個「敵人」包圍下，不願一個人孤獨死去才生下我的。

與父親度過的九年，雖然很短。可是我承受了他生命中所有的愛。出生為父親的女兒，我一直都在感謝著。

與父親度過的
短短九年中，
我承受了他一生的愛。

愛的深度與歲月不成比例。
無論是怎麼短暫，
真正的愛是足以使心靈充實的。

追憶

母親的教誨是我心靈的支柱

追憶與記憶有何不同？查了一下《廣辭苑》，上面寫著：「追憶就是懷思過去的事」。也可以說就是對於往事的感懷。歲數越大，往事的記憶也越多。其中，在上了年紀後特別令我懷念的，還是我活到八十七歲的母親。

在母親四十四歲時出生的我，不知道「年輕的母親」到底是什麼。遇到小學的觀摩日，就有人對我說：「今天你祖母來了嗎？」令我覺得尷尬寂寞。

現在我自己也超過了八十歲，但以前母親告訴我的一些事，到現在我還一直遵守著。比如說：「要在三十分鐘之前到達車站」、「紅綠燈已經是綠燈的時候，要再等一次紅燈，變綠燈後再走過去。因為中途變紅燈太危險了」。

雖然有時會讓周圍的人傻眼、恥笑，不過這也是我想起母親、懷念母親的好機會。在那當下常有「不知何時何地會發生什麼事，所以要隨時準備」這個母親的關愛存在。

母親只是高等小學畢業，可是卻讓我們孩子們受到最好的教育。她非常嚴格，不許我們回嘴，也不讓我們奢侈享受。可是對我說來，我確實是被世界上最好的母親培養長大的。

十億人有十億個母親
沒有一個人能勝過我的母親

這是曉烏敏*註15六十歲時所寫的詩，近來常深深地在我心中迴繞著。

不知道何時何地會發生什麼事，
所以要隨時準備。

隨著自己歲數的增長，才能擁有銘心的教誨。
積蓄了長久的經驗，才會產生想傳達給他人的言語。

為原諒保留的「餘裕」

2％的餘地

我現在正為大學生們講授「人格論」的課。一個一個的人就是「人格」（Person）。能自主地判斷事物，基於這個判斷再做選擇與決斷，最後還能為這個決斷負起責任，這樣的人就值得叫做Person。叫你往右你就往右；一個人不敢走，一起走就連紅燈也闖過去，在這裡我想說：這樣的人雖然也是人，但不能說是有人格的人。

只要是具有「人格」，你與別人就是不一樣。不一樣也沒關係。別人與你有不同的想法，是理所當然的。武者小路實篤*註16有這樣一句話：

「你是你，我是我，然而我們都是好朋友」。有這樣的胸懷是重要的。擁有獨有的人格，才能真正與他人進入親密的關係。大家都是你是你，我是我，我尊敬與我不同的你，對方也尊敬與自己不同的我。這樣，彼此之間才會培養出真正的愛。人，一個一個都是不一樣的。

你失戀時的寂寞與傷心，跟失戀的朋友的寂寞與傷心是不一樣的。比起不曾失戀過的人來說，或許在某種程度上可以理解，可是若斷言：「我也曾經歷過，所以我了解」，那不是自以為是了嗎？

前些時候，有個學生問我：「見到失去父親的朋友時，要怎麼跟她說話？如果是修女的話，您會怎麼說呢？」我回答她說：「我想，只要在她身旁握著她的手就好了。不用去考慮說什麼話才能使對方獲得安慰。你關懷對方的情意才是重要的。不握手，僅僅是靠在她的身旁也是很好的。更不要輕易地說：『我的父親也去世了，你的悲傷我是能了解的』這種話。」

你父親去世時你的悲哀，跟你朋友失去父親時的悲哀並不一樣。因為彼此都是個別的人，有共同的地方，也有彼此不能完全理解的地方。

人是不能彼此完全理解的。所以我說，無論怎麼相信對方，「百分之百完全信賴是不行的，你就相信他98％吧。要留下最後的2％，以備在對方做錯時用來原諒他」。

人是不完美的。你如果還是百分之百信賴他人，到時候就無法原諒他人了。以百分之百的信賴而相交的友情，反而容易產生裂痕。「雖然你信任我，可是不要忘了我不是神明，所以有犯錯的餘地呀」。還有，「我比別人更信賴你，可是我知道你也不是神明，犯了錯也沒什麼關係」等等。如此的「餘裕」，我覺得就是在這2％裡面。

有了錯也能原諒的這種「餘裕」，無論是與老師或在朋友之間都是很重要的。

說了這些話，學生們起初都有「欸，為什麼？」那種困惑的表情。「修女是對我們灌輸不信任感嗎？」「修女不是說要百分之一百二十信賴對方嗎？」我就會這麼說明：「那2%就是為了要原諒啊」，大家總算服氣了。我也說，如果別人百分之百信任我，我也覺得很為難。我還是希望留下一點錯誤的餘地。雖然我很想老實地活下去，不過我有時可能會有差錯，也可能會忘掉約定。那時候就希望有人能原諒我了。

98%的信賴。剩下的2%是為原諒對方有錯時留下的。

這世間沒有所謂完美的人。
心裡有2%的餘裕的話，就可以原諒對方的錯。

愛從身邊開始

二〇〇一年，東京新大久保車站內，發生了一個事故。為了救起落在月台下的男人，兩個男子跳到鐵軌上，結果三個人都不幸身亡。

最近，對死於意外的人，如果沒有什麼新聞價值的話，媒體不會做特別的報導。不過這次就不同了。第二天早上，各家報紙都在頭版版面上大幅報導，稱讚為此犧牲的兩人的英雄行為，並為他們哀悼。有一家英文報紙也在頭版上用很大的標題寫著「Two Samaritans」報導這個消息。這「兩個撒瑪黎雅人」的標題，沒有讀過《聖經》的人可能不太了解。這原是在

《聖經》裡有名的故事之一。（按：出自「路加福音」）

一位法學士問耶穌說，我該做什麼才能得到永生？耶穌回答說：「你應當全心……愛上主，你的神；並愛鄰人如你自己。」他接著問：「誰是我的鄰人？」

下面「慈善的撒瑪黎亞人」的故事，就是耶穌回答他時所說的：

有一天，一個猶太人走在路上，被強盜襲擊了。他們剝去了他的衣裳，把他打個半死，丟在路旁。正巧有一個司祭從這條路經過，看見受傷的他就從對面走過去。又有一個在聖殿奉事的肋未人來到這裡，看見傷者，也照樣從路的另一邊走過去了。第三個經過這裡的，是平常與猶太人不大友好的撒瑪黎雅人旅客。他看見這人受了傷，就憐憫他，扶他騎上自己的牲口，帶他到附近的旅舍去。還拿出錢來交給店主，托他們照應他。然後再繼續自己的行程。

說到這裡，耶穌就反問律法師：「你以為這三個人中，誰是那遭遇強盜的鄰人呢？」他回答說：「是憐憫他的那個人。」耶穌說：「你去，也照樣做吧！」

對律法師問到「鄰人是誰」的定義時，耶穌想說的是：不管是誰，遇到有困難的人，你就當他的鄰人，這種愛的實踐是重要的。英文報上用「兩個撒瑪黎雅人」的標題，就是指對陷於困境的陌生人伸出援手的那兩個人，可以說是十分恰當。

大概有很多日本人看到這個報導，都受到很大的感動。這兩人的行動，不止是一個美談，而且令我們想起自己已「遺忘了的東西」。在「不煩擾別人」的價值觀以外，還告訴我們：「積極為他人做些什麼」的重要性。至少我是這樣受到感動的。

「不煩擾他人」是我們應該遵守的基本規則。當我還兼任清心女子大學附屬幼稚園園長時，在入學測驗的口試時見到小孩的母親，就問她們在家裡經常注意什麼。很多人都回答說：「教導孩子不要煩擾他人。」當然這也是重要的事。不過在教育的某個過程中，「積極地互相幫助」或「扶助弱小的人」，這種積極的愛與必要性，以及助人的喜悅等，都是需要教導孩子們的。所謂「愛是從家庭開始的（Charity begins at home）」，雖然在災區服務、做志工固然很重要，可是這些人，在自己的家庭或日常生活中，是否積極地為他人服務，是否能寬恕他人、愛憐他人，這都是值得關切的問題。大學是注重「理論」與「根據」的地方。可是不要忘記，大學同時也是培育人性，實踐並學好愛與奉獻的場所。

重要的是，你是否能
「積極地為他人做些什麼」。

從「不要煩擾他人」的感覺，
進一步變為「伸出援手」的精神，
才能達成愛的實踐。

德蕾莎修女的祈禱

把禱詞化為花束

德蕾莎修女曾說過這一句話：「不做念誦經文的人，而做真正祈禱的人吧。」這裡的意義不是在否定唸經祈禱。而是說，要真心祈禱，或者祈禱的內容是否深入自己的日常生活裡而被實行著。我知道，這是一句質詢大家的嚴厲言辭。

那是在一九八四年，德蕾莎修女早上從東京乘新幹線列車去廣島，在原子彈落下之地演講後，順道蒞臨岡山。然後從晚上六點到九點，為三個團體發表演說。

當時我擔任她的翻譯，而令人感到吃驚的是，在陌生的異地長途奔走，又做了無數次的演講，七十四歲的德蕾莎修女，居然無論何時臉上都掛著笑容。這到底有什麼秘密呢。當晚為了住宿，我就帶她到修道院去。兩人在夜晚的路上走著時，她開口告訴我說：「修女啊，我是跟神約好的。每次被閃光燈照射時，我都會以笑臉相迎。每次都祈求神拯救一個靈魂。」

「祈禱的人」德蕾莎修女，沒有錯失任何良機，不時都在祈禱。自己本身的疲勞，還有令人煩擾的閃光燈，她都把它當做是祈禱的機會。奉獻這個機會祈求神解救眾人的靈魂。

在我們感到苦痛時，將苦痛做為獻給神的「花束」的時候，那花束會比微小的禱詞更能使神高興。說來，我們常簡單地以為，自我中心的祈求就是祈禱。其實真的祈禱該是伴隨著苦痛的。我也希望自己，對每天遭遇的小小的「閃光燈」不要感到厭煩。請以笑臉迎人，化做一把花束獻給神吧。

對每天遭遇的小小的苦痛，
讓我們以笑臉相迎，
化為祈禱的花束獻給神吧。

不是為了自己，而是為了別人祈禱時，
那祈禱就會變成愛的花束而輝煌閃耀著。

溫馨與和祥

愛，從言語裡湧出

在德蕾莎修女的修道會裡，修女們的工作之一，就是為飢餓的人煮飯，提供飲食。把麵包與熱湯分發給排列等待的人們，就是她們的工作。修女們為幾十個或有時超過一百個以上的人發完飲食回來時，德蕾莎修女會一邊慰勞她們，一邊還不忘問她們說：「相信對每一個前來領取的人，你們都能對他們微笑著。有沒有摸摸他們的手，帶給他們一點溫馨的感覺呢？相信也沒有忘了對他們說幾句簡短的話吧。」

這種做法，對分發食物的人說來可能比較麻煩，不過對領取的人們來說，肯定是第一次感受到有如一般人的款待。

只要輸入軟體，機器人也可代人分發湯碗，甚至還能提高效率。可是機器人不能做到的是，對那些自認為「死活並無兩樣」的無家可歸的人，溫馨和藹地表達「你是值得活著的」的這種笑容與簡短話語。

德蕾莎修女說：「語言裡盛滿著愛，就可以產生起死回生的力量。」她說：「我們不能做什麼偉大的事，不過，我們能在小小的事裡注入很大的愛。」

就如俗話說：「寸鐵可以殺人」。短短的一句話可以殺死人，也可以救活人。

在長野縣曾經有過一個知名的私立高中，從全國來的一些有問題的高中生都在這裡生活。等學生改過自新後，才讓她們畢業回去。這學校的校長寫了一本書，書中寫了一些關於使學生們改過自新的話語。

這個學校在對學生評價時，不用「只會……」，而用「是……就會」這樣的話。

比如：不說「○○只會加法」，而要說「○○是加法就會了」。這不只是措辭不同的問題，而是教師的心態與視線的不同。不要強調學生不會的地方，而要強調學生能做到的地方。這是根植在教師心裡而傾注於每個學生的愛，從內心迸出而變成言語。因為有這些言語，才使學生獲得更生的。

希望語言永遠都是活的。希望自己能在無機質的語言橫流中，能使用這種充滿人性、溫馨和煦的言語，使對方獲得新生，也使自己獲得力量。

對能鼓舞對方的溫馨的語言，
我希望自己能好好使用它。

沒有比語言更可怕的東西。用錯了就會變成凶器。
不可以把語言當做是沒有生命的物質。

我能做到的事

向神獻上「小小的死」

東日本大地震，有近二萬人死去或失蹤。到現在還有很多人被迫過著不自由的生活。

二〇一一年三月十一日早上，去世的人當中，起床時有誰會想到自己的生命會在那天消逝。就如「死，有如盜賊般地突然而來」這句話一樣，不分年齡、性別、地位、財產，我們一個一個的人，有一天總得要迎接死亡的到來。

有人說「人如何生，就如何死」（按：出於堂園晴彥《それぞれの風景──人は生きたように死んでゆく》），可是，不一定就是這樣。例如一生為弱者盡力的人，有時竟也有意想不到的死法。

如果是這樣，那「迷迷糊糊」地過日子就行，也是有道理的。反過來說，就是因為無法理解，所以「恭敬謹慎地」活著，說來也是可能的。聖母清心女子大學，希望能培育屬於後者生活方式的人。

那麼，恭敬謹慎的生活方式是怎樣的生活方式呢？幾年前，我讀到了這樣的一句話：「生命與物品，希望都能用雙手接下來。」這句話給了我一個如何恭敬地生活下去的啟示。

對誰說來都是好的事物，比如獎狀、畢業證書、花束等，用兩手接下來，並不感到有什麼不自然。可是，如果是自己不想要的東西，就不是那樣了。我問自己：如果有人拿來可能被拒絕或退回的東西時，你是否能收下，是否還會有用雙手接下的胸襟呢？

《聖經》裡說：「神是忠信的，祂決不許你們受那超過你們能力的試探；神如加給人試探，也必開一條出路，叫你們能夠承擔。」（格林多前書十・13）（按：據思高《聖經》原文。）

聖母清心女子大學的創立者朱莉・比利亞德（St. Julie Billiart，一七五一～一八一六）就是信仰《聖經》的話，對賦予自己的考驗，以及二十多年來疾病的折磨，還有宗教的迫害、教會人員的缺乏理解與無理中傷等，她都「一直捧著雙手接受」，也沒有忘記過笑容，始終說著：「善良的神是何等美好」，而走完了她六十餘歲的人生。因為如此，「恭敬謹慎地生活」就成為這大學建校的精神。

無論何事，只要事先好好預習，到時就能沉著應付。做為「大死」的預習，我們可以在有生之年，去做一些「小小的死」。

什麼是「小小的死」？就是抑制自己的任性，過一個能令別人歡欣的生活方式；對繁雜的事不嫌麻煩，而能以笑臉相對；忍耐報復與還嘴的心緒等等。這些事是在與自我中心的自己不斷掙扎中可以獲得實現的。就如「一顆麥子落地而死，才能生出更多的麥子」的說法，我們「小小的死」，是會產生無限的生機的。

聖方濟各的〈平和禱詞〉說：「主啊，為實現祢的平和，請祢使用我吧。」在這祈禱後又寫著說：

我不企求他人的安慰，只求安慰他人；
我不企求他人的諒解，只求諒解他人；
我不企求他人的愛護，只求愛護他人；
因為在施捨他人時，我們接受施予；
因為在寬恕他人時，我們獲得寬恕；

因為在喪失生命時，我們生於永恆。

就是如此，「小小的死」能滋生出生命與和平。這是德蕾莎修女所祈望的「伴隨痛苦的愛」的一種實踐。為使受災者能早日恢復安心的生活，救援物資、捐款與其他服務當然也是重要的。而神也一定會很高興去使用我們今天「小小的死」。

對日常生活中接踵而來的瑣事，恭敬謹慎地應對，讓我們忍著苦痛，使世間能產生叫做平和的生命吧。

所謂「恭敬謹慎地生活」，
就是連賦予自己的考驗
也能用雙手去接受它。

積極地為他人犧牲自我，
可以產生叫做平和的生命。

譯者的話

我不是教徒，但不知道為什麼，從留學日本之前在天主教正心中學教書，到一九九五年四月，從岡山大學轉入ノートルダム（Notre Dame聖母）清心女子大學執教為止，一直都與天主教學校有不解的因緣。後來又經自己的奔走，居然使聖母清心與天主教輔仁大學結成姊妹校，開始了兩校之間的交流。

因為自己生長在傳統的台灣家族，年輕時對基督教*譯者註10難免有一些偏見。不過回想我生平比較談得來的幾位男女好友裡，卻有好幾位都是基督徒。這原因到底何在？

在成大中文系時選《莊子》的課，拚命解讀郭象註解，卻對老莊的真諦一無所解。直到念東京大學研究所，經過恩師的指點，才知道老莊不是消極避世，而是在現實中超越世俗的價值觀，與蘇格拉底或尼采可以相互輝映。由於受到此種自由思考的訓練，這時我才漸漸明白，過去的一些好友們，就是在祈禱與反思中逐漸養成思考的習慣的。可能這就是讓我覺得彼此志同道合的原因之一。

在聖母清心女子大學裡，剛好有機會開了一堂道家思想與道教的課。研究生裡有研究松尾芭蕉、《徒然草》或《古事記》的，上了我的課她們才發現，這些日本古典竟然也與老莊或道教都有密切的關係。

這幾年退休後，開始整理與台灣近代史有關的家族歷史或有關台灣的日文著作，並在學校以外開了一兩處講座。沒想到二〇一二年十月，突然接到ＮＨＫ文化中心的邀請，希望為一般社會人士開一堂「老莊思想與道教」的講座。我很高興有這樣的機會，卻也擔心如何簡單明瞭地為一般人講解老莊。

正在此時，偶然在書店看到了一本堆積如山的暢銷書。《置かれた場所で咲きなさい》，英文題名為：「Bloom where God has planted you」。由日本的幻冬舍出版。這是我們聖母清心學園理事長渡邊和子女士的最新著作，出版兩個月就發行到第十一刷。（目前發行數已經超過一百二十萬部）。雖只是一六〇頁的小書，順手翻來，一篇只有幾頁，而標題與篇後摘出的警句，都用大字標出。不論何時何地都可以隨便翻閱。

無論被置於何處，就在那裡繼續抱著讓花朵綻放的心願吧。

苦難的山巔，也一定會有下坡的路。

如果現實無法改變，就試圖改變一下應對苦惱的心態吧。

人生如果破了一個大洞，可以從洞裡看到以前不曾見過的事物。

人在意識到年老時，會變得更柔和與謙虛。

這些話不就讓我們聯想到老莊嗎？柔和與謙下，「上善若水」，正是「道」的終極意境。面對現實，超越正反的價值觀念，不正是〈逍遙遊〉與〈齊物論〉的真義嗎？當人領悟到至高的真理時，才知道真理是超越時空與宗教的。

渡邊修女生於一九二七年，現年八十七歲。父親渡邊錠太郎為具有西歐自由主義思想的軍人。曾歷任歐洲各國駐外武官，並於一九三〇年被任命為台灣軍司令。當時渡邊修女才三歲，隨父親與家族在台灣住過一年。一九三六年（昭和十一年），日本發生「二二六事件」*見譯者註9。激進派的年輕軍官襲擊政府中樞，殺害高官顯要。當時任陸軍教育總監的渡邊錠太郎也遭受慘殺。渡邊修女當時才九歲。她被父親藏在寢室的角落裡，眼睜睜看到父親在自己面前被殺身亡。

渡邊修女在三十歲時終於決心進入修道院。在美國取得學位後回國，隨即被派到日本岡山的聖母清心女子大學任教。第二年，第二代校長的美國修女突然去世，沒想到竟立即奉命繼任為第三代校長。此時她才三十六歲。後來因為經不起繁重的校務與身心的壓力，有幾次都陷於極度的憂鬱狀態。又因為患了膠原症，經過長期服藥，變成嚴重的骨質疏鬆症，以至胸椎下陷。經手術後去掉三根胸椎，身高減少了十幾公分。這種身心的苦痛，實在令人難以想像。

渡邊修女經歷了許多波濤起伏的人生困境，可是在與自己掙扎搏鬥中，每次都有如神助地邂逅到一些神奇的事物。比如她從這種痛苦的人生裂縫中，尋覓到一帆風順的人所無法領悟到的生命的真諦。甚至周圍的人送給她的一首詩，或一句警語，往往都使她自己在迷惘中突然清醒過來。人在極端困苦中才能領悟到什麼是真理，老莊如此，佛陀如此，基督也是如此。

渡邊修女在波濤萬丈的生涯中體驗到生命的真諦，化為珠玉的言語，親切地表現在本書的字裡行間。我有幸翻譯此書，感到無比的欣幸。同時也該感謝原書出版社幻冬舍賜給我這樣的機會。

當你在走廊上遇見渡邊修女時，無論你是否先向她打招呼，她都會微笑著稱呼你的名字對你說：「早安，鄭老師！」在此，也讓我學學她的口吻，對賜給我們珍貴教誨的渡邊女士說一聲：「謝謝您，Sister Watanabe！」

最後，在此還要感謝遠流出版公司的王榮文董事長，李傳理總經理，還有出版三部的編輯同仁。他們為了此書的出版，自始至終竭誠相助。對我粗陋的譯稿不僅稱許有加，還熱心提供我許多寶貴的意見。從竭力爭取翻譯版權起，到編輯、企劃、出版等過程，如果沒有他們的努力運作，此書的出版是無法實現的。

希望這本珠玉的名篇，能透過我的譯文，讓廣大的中文讀者，帶來一點心靈的安祥與慰藉。

鄭正浩

二〇一三年十月仲秋

於日本岡山半田山寓居

人名用語解說（原書註解）

1 八木重吉

基督教詩人。師範學校在學中即出入教會，於一九一九年受洗。從一九二三年起開始寫作短歌與詩，一九二五年出版詩集《秋之瞳》。其後雖有不少的詩作，因罹患肺結核，於29歲壯年去世。做為基督教詩人，戰後獲得高度的評價。出版了很多詩集。

2 大言海

明治時代，由大槻文彥傾其生涯編撰而成。是由《言海》增補改訂而成的日本國語辭典。

3 心靈的燈火運動（原文：心のともしび）

美國人司祭詹姆斯・海悅（James Hyatt）與盟友葛蘭姆・麥克唐納（Graham McDonnell）所創始的宗教法人「天主教善牧會」（Good Shepherd Movement）對外名稱。天主教的傳教節目「心靈的燈火」，經由收音機、電視及網路傳播。以「與其埋怨黑暗，不如自己積極地去點燃燈火」做為標語。

4 亞細西的聖方濟各（St. Francis of Assisi）

本名為Giovanini di Bernardone，與提倡改悔與神之國的謝納城的加大利納（Santa Caterina da Siena）同為世人所知的義大利主保聖人。對歐洲中世為人所忌諱的痲瘋病人，他以身擁抱他們，表示他對病人的慈愛。實踐了「對弱者獻身，對病者慈愛」的基督教根本精神。法蘭西斯哥修道會深戒奢侈與享樂，並徹底實踐清貧的思想。（一一八二～一二二六）

5 河野進

玉島教會名譽牧師。於岡山國立痲瘋病療養所慰問傳道五十年以上。並創作多數詩篇。（一九〇四～一九九〇）

6 德蕾莎修女 Mother Teresa

天主教會修女。創立「仁愛傳教修女會」。所謂Mother，是對修會創始者的敬稱。Teresa是修道名。最初於加爾各答開始的貧民救濟活動，後來由於修女們的努力而遍佈於全世界。此種活動在生前即受到很高的評價。一九七三年獲得鄧普頓獎(Templeton Prize)，一九九七年榮獲諾貝爾和平獎，一九八〇年再獲得印度國寶勳章（Bharat Ratna）等多項殊榮。（一九一〇～一九九七）

7 羽仁もと子（Hani Motoko）

日本第一位女性記者。自由學園創始者。一九二一年，為實踐基督教理想教育，在東京西池袋（舊目白）創立自由學園。校名來自新約《聖經》「真理會使你們自由」（若望福音八・32）。（一八七三～一九五七）

8 相田みつを（Aida Mitsuo）

詩人、書法家。融合詩與書法，確立了一種獨特的形式。並以生命為主題留下多數的作品。從詩集《就因為是人》到《在雨天裡……》、《活著真好》等，出版多數詩集都成為長期暢銷書。（一九二四～一九九一）

9 卡爾・羅哲斯（Carl Ransom Rogers）

美國的臨床心理學者。因參加 YMCA 活動，對基督教感興趣。後來為當牧師而進入神學校，但對當牧師的目標又發生疑問。進而進入哥倫比亞大學教育學部學習臨床心理學。以感情移入的方法去理解病患的心情，而據實接受。這種以共感去理解病患的輔導手法，對日本戰後的生活輔導方法有很大的影響。（一九〇二～一九八七）

10 維克托・弗蘭克爾（Victor Emil Frankl）

奧地利心理學家，精神科醫生。因為是猶

太人，二次大戰時遭受納粹逮捕，而關入奧斯威辛集中營。著述繁多，皆被翻譯成世界各國語言。

11 尼采

（Friedrich Wilhelm Nietzsche）

德國哲學家，古典文獻學者。（一八四四～一九〇〇）

12 坂村真民

佛教詩人。一九四六年以國語教師身分執教於愛媛縣高中，直至六十五歲時退休。其後專心致力於詩作。恪守一遍上人的信仰，以佛教精神為基調，留下許多詩篇。（一九〇九～二〇〇六）

13 斐維斯神父

（Hermann Heuvers）

赫爾曼・斐維斯為德國神父。一九〇九年加入耶穌會，一九二三年前往日本。從一九三一年至一九四一年任上智大學第二任校長。一生於日本致力於傳教工作。以詩與歌劇為始，留下眾多著作。（一八九〇～一九七七）

14 父親

渡邊錠太郎。昭和初期軍人。為二二六事件時犧牲者之一。（一八七四～一九三六）（另見譯者註9）

15 曉烏敏

真宗大谷派僧侶。佛教學者。於真宗大學在學時開始寫作俳句。號為「非無」，師事於高濱虛子。留下多數詩篇與俳句。（一八七七～一九五四）

16 武者小路實篤

作家，詩人。與有島五郎、志賀直哉等創辦雜誌《白樺》。以獨特的口語文體，留下讚美個人與生命的作品。代表作品有《一個男人》、《喜慶的人》、《友情》、《真理先生》等。（一八八五～一九七六）

譯者註

＊除著者原註以外，文中需要對中文讀者稍作說明或進一步解說的地方，分別以「按」與「譯者註」註明於文中或書後此處。

1 不理我族

原文「くれない族 Kurenai Zoku」。一九八四年，TBS電視台每星期五播送連續劇「不理我族的叛亂」（くれない族の反乱），由大原麗子主演。日文「…くれない」的意思就是，「不幫忙我」「不教我」「不聽我的話」等，埋怨別人不理自己，不肯替自己做些什麼。從小孩到主婦之間常可聽到的一句話。獲得一九八四年流行語大賞銀賞。曾野綾子也在她的著作《老年人的才智》（《老いの才覚」）中提及。

2 螢窗雪案

表示在困苦的環境中也能勤學苦讀的意思。螢窗，指晉代車胤聚集螢火蟲的亮光，夜以繼日讀書的故事（《晉書．車胤傳》）。雪案，指晉代孫康利用雪光映照，伏案讀書的故事，「案」是書桌的意思。（《初學記》卷二引《宋齊語》）。

3 良寛（Ryoukan，1758-1831）

為江戶時代後期曹洞宗僧侶、歌人、漢詩人、書法家。俗名山本榮藏或文孝。號大愚。著有《校注良寬全句集》。因為喜歡孩子的純真，常與小孩認真嬉戲，令後人留下深刻的印象。

4 掃祿

公元約3～67年的人物，悔改後叫保祿，成為外邦人（非猶太人）的使徒。

5 高等小學校

為明治維新至第二次大戰前所實施的，後期初等教育、前期中等教育機關的名稱。簡稱為高等科或高小。為期二年。日治時代的台灣也曾實施過，相當於初中一至二年級程度。

6 燻銀

銀器不加保養，日久硫化會變成黑色的硫化銀。此處所說的燻銀並非指此種舊銀，而是善加保養，使它成為古雅的銀器。日語裡的燻銀（ibushigin），意指人不華美而有深沉的實力。

7 廣辭苑

以昭和初期博文館刊《辭苑》為底本，戰後由岩波書店改訂後出版。為中型日本國語辭典。與三省堂《大辭林》並為雙雄。被收錄於各種電子辭書中。至今已發行到第六版。收錄語數約24萬言。加上反映內外情勢的圖版三千張及地圖等，兼具百科事典的性格。

8 心力歌

東京成蹊學園（校名來自《史記》李將軍列傳「桃李不言，下自成蹊」），除校歌以外，由創立者中村春二委託小林一郎，於一九一三（大正二）年製作〈心力歌〉。讓學生每天誦讀心力歌，引導學生逐漸領悟「尊貴的心懷」的意義。

9 二二六事件

一九三六年（昭和十一年）二月二十六日，受日本皇道派影響的青年軍官，率領一千四百八十三名士兵，揭起「斷然實行昭和維新，尊皇討奸」口號，發動政變。襲擊政府中樞，並殺害重臣、高官等。包括大藏大臣（相當於經濟部長）高橋是清、陸軍教育總監渡邊錠太郎在內的四名高官被殺身亡。於二個月後始被平定。渡邊錠太郎即為渡邊和子父親。一九三〇年曾任台灣軍司令。因曾出任德國、荷蘭等駐外武官，受到西歐自由主義的影響，雖為軍人，而具有和平主義的傾向，因此引起缺乏人文社會科學教養的過激派軍人憎惡，慘遭殺害。當時渡邊和子年僅九歲。

10 基督教與天主教

中文語彙中經常把基督教中直屬羅馬教廷的 Catholic 稱做天主教，而把宗教改革後的其他新教諸派通稱為基督教。

而日文，無論天主教與或新派基督教(Protestant)經常都合稱為基督教，基督信徒稱為クリスチャン（Christian）。

＊本書中有關《聖經》文章，間接引用者由譯者翻成中文。直接引用者，皆依據思高《聖經》原文登出。

在落地之處開花

無論在何種境遇，你都能閃耀發光

作者　渡邊和子
譯者　鄭正浩
總編輯　汪若蘭
責任編輯　蔡曉玲・陳希林
行銷企畫　高芸珮・李斯毅
封面設計　蔡南昇
內頁設計　張凱揚・蔡南昇

發行人　王榮文
出版發行　遠流出版事業股份有限公司
地址　臺北市南昌路 2 段 81 號 6 樓
客服電話　02-2392-6899
傳真　02-2392-6658
郵撥　0189456-1
著作權顧問　蕭雄淋律師
法律顧問　董安丹律師

2014 年 4 月 25 日　初版一刷
2015 年 4 月 16 日　初版三刷

行政院新聞局局版台業字號第 1295 號
定價　新台幣　260 元（如有缺頁或破損，請寄回更換）

ISBN　978-957-32-7359-2
遠流博識網　http://www.ylib.com　E-mail: ylib@ylib.com

特別感謝：
蘿拉老師提供內頁圖樣
天主教台灣地區主教祕書長陳科神父協助內文審校

國家圖書館出版品預行編目 (CIP) 資料

在落地之處開花 / 渡邊和子著 ; 鄭正浩譯 . -- 初版 . -- 臺北市 :
遠流 , 2014.04　面 ;　公分
譯自 : 置かれた場所で咲きなさい
ISBN 978-957-32-7359-2(平裝)
1 靈修 2. 自我實現

244.9　　　　103000498